UNIVERSITÉ DE FRANCE.

ACADÉMIE DE STRASBOURG.

THÈSE
POUR LA LICENCE,

PRÉSENTÉE

A LA FACULTÉ DE DROIT DE STRASBOURG,

ET SOUTENUE PUBLIQUEMENT

LE JEUDI 30 AOUT 1849, A MIDI,

PAR

HENRI-ÉDOUARD COLLIGNON,

DE METZ (MOSELLE).

STRASBOURG,

IMPRIMERIE DE G. SILBERMANN, PLACE SAINT-THOMAS, 3.

1849.

A LA MÉMOIRE

DE MA GRAND'MÈRE.

H. E. COLLIGNON.

A MON PÈRE.

A MA MÈRE.

H. E. COLLIGNON.

FACULTÉ DE DROIT DE STRASBOURG.

NOMS DES PROFESSEURS.	MATIÈRES ENSEIGNÉES.
MM. Rauter ✻, Doyen.........	Procédure civile et législation criminelle.
Hepp ✻.............	Droit des gens.
Heimburger...........	Droit romain.
Thieriet ✻...........	Droit commercial.
Aubry ✻............	Code civil.
Schützenberger ✻.......	Droit administratif.
Rau...............	Code civil.
Eschbach...........	Code civil.

M. Blœchel ✻, professeur honoraire.

MM. Destrais,
NN***,   } professeurs suppléants.

M. Wernert, secrétaire, agent comptable.

Président de la thèse, M. Thieriet ✻.

Examinateurs : MM. { Thieriet ✻.
Aubry ✻.
Schützenberger ✻.
Destrais.

La Faculté n'entend ni approuver ni désapprouver les opinions particulières du candidat.

JUS ROMANUM.

DE RERUM PERMUTATIONE.

I.

PROLEGOMENA.

Primis temporibus, cum non adinventa erat et introducta materia quæ, omnium conventione, certum haberet valorem, et esset pretium, ac veluti mensura ceterarum rerum, cui postea nomen datum fuit, Pecunia, homines usi sunt semper permutatione, quà, bovem equo, oleum melle, commutabant; unusquisque enim dabat res quibus non indigebat pro aliis quas desiderabat.

Fuit igitur permutatio, ut ita dicam, hominum societatis origo et quasi vinculum quo hominibus homines conjuncti fuerunt.

II.

QUID SIT PERMUTATIO.

Permutatio enim est contractus quo alter ab altero certam rem accipiendo, ad aliam certam ipsi præstandam se obligat[1]. Adscribitur innominatis contractibus permutatio, quæ licet videatur nomen pro-

[1] Définition de Pothier.

prium habere, non tamen est tam speciei quam generis; omnes reipsâ pene contractus quâdam permutatione constant; et huc adde quod non actionem specialem et nominatam parit. Vocant autem innominatos contractus quibus, cum non transirent in proprium et certum nomen, civilis tamen causa non deesset.

Et est permutatio contractus qui non originem capit ex solo de rebus commutandis consensu; interest quoque ut ex unâ parte res data sit. Consensus vero nudus solummodò pactum, sive placitum de rebus commutandis efficit, cui omnis civilis actio denegatur et à quo uterque recedere potest impune.

III.

PERMUTATIO VICINA EMPTIONIS VENDITIONIS.

Sed cum postea propter inæqualitatem rerum et quia sæpe non indigebant rebus quibus alii abundabant, ad commodum societatis, pecuniâ usi sunt; permutationis vicem obtinuit emptio venditio et juris illis regulis quibus hic novus contractus, et permutatio quoque subjicitur. Bonæ fidei est contractus, et bonæ fidei producit actionem, à jure gentium originem trahentem[2], in quâ et locum habet evictio. Tenetur uterque permutantium alterum ab evictionis periculo defendere[3].

Sed cum nobis sit tractanda non emptio venditio, at permutatio, exponemus breviter quibus differunt inter se hi contractus; ità similia dici possunt de quibus non loquemur.

IV.

QUIBUS DIFFERAT EMPTIONE PERMUTATIO.

Reipsâ non est eadem utriusque contractûs substantia. In venditione, ut aliud est vendere, aliud emere, alius emptor, alius venditor, ità aliud pretium, aliud merx; in permutatione vero, non potest discerni uter

---

[2] Inst. lib. IV, t. VI, § 28. — [3] D. XXI, t. II.

sit emptor, uter venditor; nulla est inter pretium et mercem differentia; inde, quanquam venditori sufficiat ob evictionem se obligare, possessionem tradere, et dolo malo purgari, non dicemus utrique permutanti hoc sufficere. Namque, si in permutatione utrumque pretium est, utriusque rem fieri oportet; si merx, neutrius; sed cum debeat et res et pretium esse, non inveniri potest quid eorum merx, et quid pretium sit[4]; et hinc, recte dicere possumus, alienæ rei non esse permutationem, nec rei alienæ datione satisfieri conventioni; alter itaque statim alterius rem facere necesse habet.

Emptio venditio nudâ contrahentium voluntate contrahitur, et perficitur; attamen, ex re traditâ tantum, obligationi initium prœbet. Ex permutatione tunc demum civilis nascitur obligatio cum unus alteri rem dedit; ex tunc alter ad vicissim dandam rem alteram obligatur. Præterea, re simpliciter traditâ, permutatione statim ad accipientem transit dominium, quanquam non conventionis legem impleverit; potest enim agere, qui contractui satisfecit, rei condictione, quæ communiter soli domino competit.

Denique utrique contrahenti pænitentiæ locus est donec rei traditione conventio impleatur.

V.

CUI REI PERICULUM.

In permutatione, sicut in emptione venditione, casûs periculum spectat ad eum cui rei petendæ sit obligatio. Sed cum contrahentium alter, rem dando, ut vicissim res sibi ab altero præstraretur, cavit, non dubitandum quin possit, si malit, rem repetere quam ipse dedit; etenim non dubium est quin consensus utriusque contrahentis hoc temperamentum conventioni adhibendi semper facultatem habeat.

[4] D. L. XIX, l. IV.

VI.

AN PERMUTATIO DIFFERAT CONTRACTU DO UT DES.

Omnia quæ de permutationis contractu exposuimus, placito, vel contractui innominato, do ut des, accommodari possunt; nulla inter illos videtur differentia. Sine causâ itaque nobis videntur quidam auctores hanc differentiam posuisse, quod permutatio fiat de certâ specie in certam speciem, quando, verbi gratiâ, certus fundus pro certâ domo datur, contractus vero, do ut des, quando in genere res incerta commutatur pro aliâ. Etenim si contractus, do ut des, nullum producit alium effectum quam commutationem rei in genere incertæ pro aliâ pariter incertâ, nullus hic erit contractus, et nunquàm quemcunque producet effectum; cum nemo tam vago more hunc ineat contractum, quo res permutantur, ut nesciat quid sit recepturus.

VII.

PECUNIA PARTIM DATA, PARTIM RE, QUIS CONTRACTUS?

Quæritur quis sit contractus cum partim res data fuerit, partim pecunia? Utrumne emptio venditio, an permutatio? Intentio hic partium diligenter inspicienda erit, quæ omnes dirigit contractus, et cum factis apparet permutationem contrahentes inire voluisse, quanquam pecunia majoris pretii data fuerit quam res, permutationem esse recte dicemus. Quod si dubia fuerit partium intentio, aut de eâ non pateat, contractum judicare debes secundum id quod præponderat.

VIII.

QUAS ACTIONES PARIT PERMUTATIO.

Faciliter intelligendum est nudo partium consensu nullam produci actionem, cum ipsa permutatio non nudo consensu efficiatur. Res verò tradita necessaria est ut judicio agatur. Illi datur actio præscriptis verbis[5] qui ex suâ parte conventionem perfecit et quidem obligatur inde qui accepit, non qui dedit. Etenim, cum permutationis causâ rem dedi, non me alteri obstringere volui, sed alterum mihi. Inde evenit etiam ut habeam pænitendi jus quandiu ex alterâ parte non fuerit obligationi satisfactum. Electio vero mihi est cum rem dedi, an præscriptis verbis actione, ad implendum permutationis contractum accipientem cogere, an condictione, causâ datâ, causâ non secutâ, rem datam velim repetere[6].

Sed si res quam dedi ab alterâ parte vendita fuerit, quoniam in permutatione dominium utrique contrahenti transit (quod non emptione venditione efficitur), contra emptorem qui dolo malo immunis erit, nullam habebo actionem, neque ex re, nec ex personâ. Evenit etiam ut ex permutatione producatur civilis obligatio in quâ actione id veniet, non ut reddas quod acceperis, sed ut damneris mihi, quanti interest, præstare; etenim contractibus innominatis et actione præscriptis verbis, non præcise ad dandum obligatus cogi potest, sed ad interesse condemnari et interesse præstando profecto liberatur. Itaque hic nobis videtur locus esse dicendi ad interesse agendi ei facultatem esse qui contractum implevit, si malit, aut si necesse est. Et quidem maxime interest ut hoc jure ei uti liceat; namque ut jam supra diximus, permutatione dominium transit et contra emptorem rei datæ nulla est actio, quare contra permutantem ut præstet quod interest, facultas agendi maxime est necessaria.

[5] Est autem actio præscriptis verbis bonæ fidei, competens ei qui ex permutationis causâ rem suam dedit contra accipientem, ut et ipse rem promissam det atque sic ex suâ parte contractum impleat. — [6] Cod. lib. IV, t. LXIV, § 4. Dig. lib. XIX, t. IV, § 4.

DROIT FRANÇAIS.

DE L'ÉCHANGE.

(Code civil, articles 1702 à 1707.)

CHAPITRE PREMIER.

INTRODUCTION.

Dans les premiers âges du monde, alors que les relations sociales n'existaient encore qu'en germe, l'échange a été pour ainsi dire l'unique contrat qui pût s'établir entre les hommes. Celui qui avait fait une chasse heureuse en échangeait les produits avec les fruits de son voisin et l'on se dépouillait des objets que l'on avait en abondance pour acquérir ceux dont on sentait le besoin. Sans doute ce n'était pas là une manière d'acquérir des plus commodes; sans doute il fallait souvent donner un objet précieux pour obtenir la satisfaction d'un grossier appétit; mais cependant, rendons grâces à ce contrat qui a servi si puissamment à l'humanité, et qui a été d'autant plus précieux qu'à lui seul il a amené le progrès et la civilisation.

A mesure que grandit le cercle des idées par lesquelles rayonne l'intelligence humaine, on sentit tous les inconvénients qui sont inhérents à l'échange, et de même que certains signes convenus servirent à la diffusion des lumières, de même certains métaux servirent de base à l'appréciation commune de la valeur des choses. Au lieu d'échanger les produits, on donna à la place de l'objet immédiatement nécessaire un morceau de fer, d'or ou d'argent qui en représentait le prix à l'avance déterminé, et à l'aide duquel l'échangiste pouvait lui-même se procurer les choses utiles ou nécessaires. Cette mesure commune, ce terme de comparaison, la monnaie, en un mot, facilita les échanges en même temps qu'elle fit substituer le contrat de vente au contrat d'échange; car l'achat et la vente ne sont qu'un échange perfectionné d'objets quelconques contre la monnaie qui doit représenter une valeur équipollente. Plus tard, vienne une époque de décadence où la société recule vers sa barbarie originaire au lieu de marcher vers le but de progrès infini que la providence lui a assigné, l'échange, sans reprendre toute sa place dans les Codes, aura dans la pratique une extrême importance. Au moyen âge, la législation tend à resserrer la propriété entre les mains de quelques nobles et seigneurs; les guerres continuelles qui désolent l'Europe et la France, enlèvent à la circulation les métaux précieux; l'argent se cache; les produits d'une industrie dans l'enfance s'échangent contre les fruits de la terre ou le travail du manœuvre.

Mais quand disparaît la période de troubles et de ténèbres, la vente ne laisse plus qu'un minime intérêt à l'échange; alors il sert surtout à éviter les entraves que l'esprit féodal apporte au mouvement de la propriété immobilière. Hors ce point, il n'attire plus guère l'attention des jurisconsultes.

De nos jours, le commerce avec les pays transatlantiques puise de grandes ressources dans ses échanges continuels. Cependant quelle que soit l'immense influence que ces relations avec les peuples des autres contrées exercent sur les destinées de notre pays, nous devons avouer que l'échange n'occupe aujourd'hui qu'une place restreinte dans nos relations sociales comme dans le Code. La vente a pris sa place presque tout entière; c'est vers elle que se sont dirigés les travaux de nos législateurs et de nos jurisconsultes et l'échange a été abandonné comme n'offrant plus que de médiocres ressources.

CHAPITRE II.

NOTION DU CONTRAT D'ÉCHANGE.

L'échange est un contrat par lequel les parties se donnent respectivement une chose en nature pour une autre. Cette définition de M. Troplong nous paraît parfaitement exacte et il ne nous semble pas que la distinction que fait Pothier[1] soit admissible. D'après l'illustre jurisconsulte le contrat d'échange n'existerait qu'autant que la remise des deux objets échangés eût été immédiate. Il semble que notre droit de pure équité ne s'accommode point d'une subtilité pareille; dans l'hypothèse même qu'indique Pothier et qui consiste à supposer « que je vous donnerai une chose pour un certain prix en paiement duquel vous me donnerez de votre côté une autre chose; » dans cette hypothèse, disons-nous, il y a échange si l'intention des parties a été de donner une chose pour l'autre, but à but, et si l'évaluation n'a été faite que pour la forme. L'échange subsiste pourvu qu'aucun fait intermédiaire et bien caractérisé ne vienne altérer sa nature. C'est, nous le répétons, l'intention des parties qui fait la loi et cette convention dont nous venons de donner un exemple, et qui semble au premier aspect une vente avec dation en paiement, n'en reste pas moins un échange, si telle a été la volonté des contractants.

Le Droit naturel et le Droit des gens reconnaissent également l'échange qui est un contrat synallagmatique, commutatif et intéressé de part et d'autre. Le consentement des deux parties le rend parfait, et il n'est besoin d'aucune tradition réelle ou fictive pour lui donner sa force et son caractère propre.

Pour que l'échange existe, il faut donc que l'un des contractants transfère à l'autre la propriété d'une chose à la place d'une autre chose dont le copermutant s'engage à lui transmettre la propriété. Si au lieu

---

[1] *Traité de la vente*, § 617.

d'une chose que vous me donnez, je vous remets une somme d'argent, l'échange n'existe point; ce sera une vente. Si l'une des choses données était d'une valeur tellement minime, qu'évidemment l'intention des parties n'a pas été d'échanger le domaine de deux biens, il faudrait admettre que la convention intervenue entre elles est une donation. Il en est de même de toute autre espèce, où la simulation ressortirait du fait même et de l'intention des parties.

La seconde condition substantielle du contrat d'échange, c'est le consentement des parties contractantes; ce consentement doit porter sur les deux choses à échanger et sur les conditions sous lesquelles l'échange est conclu.

L'erreur peut vicier le contrat, mais alors seulement qu'elle porte sur la substance même des choses échangées, ou sur la personne avec laquelle la convention est conclue. Il va de soi-même, par exemple, que si dans un échange je reçois un objet doré au lieu d'un bijou en or que j'ai cru avoir, je puis, en prouvant mon erreur touchant la substance même de la chose reçue en échange, faire annuler le contrat, surtout si celui avec lequel j'ai contracté a entretenu mon erreur dans un but de spéculation. L'erreur qui porte sur la personne peut aussi dans certains cas rendre le contrat nul; car c'est précisément la considération d'une personne déterminée qui peut m'avoir décidé à faire l'échange d'une chose que je ne voudrais céder à nulle autre, quel que fût d'ailleurs l'équivalent qu'elle voulût me donner.

Du reste, les règles générales qui s'appliquent à l'annulation de tous les contrats pour cause de violences physiques ou de menaces graves, reçoivent leur application dans ce qui concerne l'échange.

Le consentement peut s'exprimer verbalement ou par écrit.

Ainsi que pour la vente, le consentement verbal suffit pour l'échange; l'écriture est un simple moyen de preuve qu'il est toujours bon de ne pas négliger; mais quand même il n'y aurait aucun écrit, la convention est parfaite du moment qu'il est certain que les parties ont eu l'intention bien arrêtée de conclure un échange. La Cour impériale de

Colmar a décidé dans ce sens, par un arrêt du 15 janvier 1813 [2], que l'inexécution de la condition apposée à une vente verbale, qu'elle serait, dans un délai convenu, réalisée par un acte notarié, n'entraîne pas de plein droit la résiliation du contrat; or, le même principe régit l'échange. Si la convention d'échange est rédigée par écrit, elle peut l'être par acte sous seing privé, dans la forme déterminée par l'art. 1325 du Code civil, ou par acte authentique; rien ne s'oppose même à ce qu'elle puisse se conclure par lettre missive. En vain l'on argumenterait de l'art. 1325 pour soutenir la négative; ce texte n'est point exclusif de tout autre moyen de preuve. Quand il édicte que les actes contenant des conventions synallagmatiques ne sont valables qu'autant qu'ils sont passés en autant d'originaux qu'il y a de parties ayant un intérêt distinct, il ne parle que des actes en forme, que les Romains appelaient des *instrumenta*, de ces écrits qui doivent servir à fixer les vraies conventions, de manière à éviter toute espèce de doute dans leur interprétation. C'est, du reste, ce qui a été résolu d'une manière très-catégorique par la Cour de cassation dans un arrêt de rejet du 14 frimaire an XI [3]. Il résulte, en effet, de cet arrêt que la preuve d'une convention synallagmatique résultant d'un ensemble de pièces communes aux deux parties, notamment de leur correspondance, est parfaitement légale et ne tombe pas sous le coup de l'art. 1325. Un autre arrêt de la Cour de cassation, du 30 décembre 1839 [4] est venu fixer la jurisprudence dans le sens indiqué.

Avons-nous besoin d'ajouter que l'offre d'échanger faite par lettre missive ne lie point tant qu'elle n'a pas été formellement acceptée? Il est bien clair que, de même qu'une parole prononcée et qui n'a pas été entendue n'oblige d'aucune façon, de même l'un des échangistes reste libre de retirer sa proposition tant que l'acceptation de l'autre ne lui a pas été notifiée, ou mieux, tant qu'il n'a pas pu prendre connaissance de cette acceptation.

D'un autre côté, cette acceptation ne devient définitive qu'à dater

[2] *Journal du Palais*, t. XI, p. 59, 5ᵉ édit.—[3] Idem, t. V, p. 67-68.—[4] Idem, t. I, p. 99.

du moment où elle a été remise à celui qui a fait l'offre. Durant tout l'intervalle qui s'écoule entre l'écriture et la transmission au copermutant, la volonté reste libre et peut se modifier. Il est même loisible de faire connaître par une voie plus rapide une intention contraire ou d'annuler par une lettre remise en même temps une volonté exprimée dans une autre missive antérieurement écrite. Il est d'ailleurs bien entendu que la preuve du consentement bilatéral doit se trouver dans la correspondance et que la production de l'offre seule ne suffirait pas à justifier de l'acceptation de la proposition.

CHAPITRE III.

DES PERSONNES CAPABLES DE CONTRACTER UN ÉCHANGE.

En général, toutes personnes sont capables d'échanger. Pour être incapable, il faut avoir été spécialement privé de son droit par une disposition législative. Comme l'incapacité est l'exception, et qu'elle existe, non pas spécialement pour l'échange, mais en général pour presque tous les contrats, nous nous bornerons à rappeler que la loi range parmi les incapables, dans de certaines limites, les mineurs, les interdits, les femmes mariées, les prodigues, les établissements publics, et enfin l'État lui-même pour ce qui concerne l'échange des biens domaniaux qui a été réglementé par une loi de 1827.

CHAPITRE IV.

DES CHOSES QUI PEUVENT FAIRE L'OBJET D'UN ÉCHANGE.

Le contrat d'échange peut avoir lieu pour toutes choses qui se trouvent dans le commerce.

Les choses futures elles-mêmes peuvent faire l'objet d'un échange. Aucune disposition de la loi n'empêche d'échanger, par exemple, le produit à venir d'un vignoble avec une récolte future de fruits.

Les lois spéciales qui ont ou prohibé ou restreint la faculté de vendre certaines choses doivent par analogie être appliquées à la matière qui nous occupe.

Est-il permis d'échanger la chose d'autrui? Il ne nous semble pas possible de résoudre cette question d'une manière trop absolue. Oui, en règle générale, l'échange de la chose d'autrui est nul, mais nous croyons que cette nullité n'est que relative. L'échangiste qui a donné la chose qui ne lui appartenait pas ne peut exciper de son fait pour s'affranchir de l'exécution du contrat. A celui-là seul appartient le droit de se plaindre, qui doit la recevoir en échange; et il est bon d'observer qu'à moins de dol ou de fraude, la nullité peut même se couvrir par le consentement du vrai propriétaire donné après coup, ou par la transmission de la propriété à l'échangiste.

Sans doute, en droit strict, l'on peut soutenir que l'une des conditions substantielles du contrat d'échange, c'est que chacun des contractants soit propriétaire de la chose qu'il veut transmettre à l'autre; que cette condition faisant défaut le contrat doit être déclaré radicalement nul[5]; mais une solution aussi rigoureuse nous semble s'accorder mal avec notre Droit tout de raison et d'équité; l'échangiste qui devient propriétaire avant que l'action en délivrance ne soit formée contre lui, est à même de satisfaire à son contrat; pourquoi donc l'annuler? Ce n'est pas l'échangiste, qui a permuté la chose d'autrui, qui doit profiter de son imprudence primitive pour écarter l'obligation qui pèse sur lui; il est évidemment sans droit pour en provoquer l'annulation. Sera-ce le copermutant qui jouira de ce privilége? Sans doute; si au moment où il exige la délivrance, la chose ne peut lui être remise parce qu'elle appartient à un tiers, il y aurait injustice criante à lui dénier la faculté d'annulation; mais si, à ce moment même, l'obstacle a disparu, il est sans intérêt à provoquer la nullité de son contrat, puisqu'il obtient précisément la chose en vue de laquelle il a contracté; or, qui n'a pas d'intérêt, doit être sans droit.

L'art. 1704 ne nous paraît pas faire obstacle à cette doctrine qui

---

[5] C'est l'opinion de M. Zachariæ, t. II, p. 502.

est celle de M. Troplong. Cet article s'applique au cas spécial où l'un des copermutants a déjà reçu la chose à lui donnée en échange, et où il prouve ensuite que l'autre contractant n'est pas propriétaire de cette chose. Dans cette hypothèse, il ne peut pas être forcé à livrer celle qu'il a promise en contre-échange, mais seulement à rendre celle qu'il a reçue.

Il est de toute justice, en effet, qu'au moment où il semble impossible que l'échangiste reçoive l'objet en vue duquel il a donné son bien, il ne puisse pas être contraint par celui-là même dont la faute met sa fortune en danger, à s'exécuter, à remettre la chose contre-échangée, en courant la chance presque certaine d'un dommage. Il aura donc le droit de s'affranchir de son obligation en rendant ce qu'il a reçu, si au moment où il doit effectuer la délivrance, le contre-échangiste n'est pas encore devenu propriétaire. Dans le cas contraire, c'est-à-dire si le copermutant est devenu propriétaire de la chose qu'il a donnée, même par une cause postérieure au contrat, il n'y a plus aucune raison pour autoriser celui qui a reçu à former une demande en annulation, qui ne serait le plus souvent que le produit d'une odieuse spéculation, peu digne de la faveur de la loi.

Si l'immeuble déjà cédé en échange est grevé d'hypothèques, le copermutant qui l'aurait reçu ne serait contraignable à la délivrance qu'il doit faire qu'autant qu'il serait justifié que l'hypothèque ne frappe plus cet immeuble. Dans cette hypothèse encore, une interprétation équitable vient corriger les rigueurs du droit. Le contrat n'est pas nul de plein droit; qu'importe, en effet, à l'échangiste que, lors de la passation du contrat, une hypothèque ait frappé l'immeuble, si, au moment de la délivrance, cette cause d'éviction a disparu? L'hypothèque n'est pas une cause actuelle d'éviction; elle peut y donner lieu par la suite, mais elle n'enlève pas au propriétaire son droit sur la chose, s'il parvient à satisfaire le créancier et à obtenir de lui mainlevée. On peut même soutenir qu'en satisfaisant aux prescriptions de l'art. 1653 du Code civil, c'est-à-dire en fournissant caution, celui qui a donné en échange un immeuble grevé d'hypothèques peut exiger la délivrance du bien qui a été contre-échangé.

Jusqu'à présent nous avons raisonné dans l'hypothèse où le contrat n'a reçu son exécution que de la part de l'un des copermutants; mais qu'arriverait-il si la délivrance des deux choses avait eu lieu et que l'un des échangistes fût en état de prouver que l'objet qui lui a été remis n'est pas la propriété de son copermutant? Il est certain qu'en thèse générale, l'échangiste ainsi lésé aura le droit de répéter ce qu'il a donné; car, d'un côté, aux termes de l'art. 1584, le contrat synallagmatique est résiliable en cas d'inexécution des conditions de la part de l'une des parties, et, de l'autre, la chose d'autrui ne peut pas faire l'objet d'un échange. Cependant, ici encore, il faut rappeler que si tout danger avait disparu au moment où l'action est introduite, il serait loisible aux juges de maintenir le contrat. C'est ce qui résulte d'un arrêt de la Cour de cassation, du 11 décembre 1815 [6].

CHAPITRE IV.

DES OBLIGATIONS QUI RÉSULTENT DU CONTRAT D'ÉCHANGE.

Le contrat d'échange est soumis aux règles générales concernant la bonne foi qui doit présider aux conventions; la fraude et le dol dont il serait entaché pourraient donc le faire annuler. Il peut être passé purement et simplement, ou sous condition; l'échange est valable quand même les copermutants n'en ont point déterminé les conditions et s'en sont rapportés à des experts. Si les tiers désignés ne veulent point procéder à l'expertise, il n'y a plus qu'un simple projet d'échange, qui ne lie point les parties contractantes.

Les règles auxquelles sont soumis les contractants en cas de vente, et les obligations qui naissent des clauses sur la qualité et la contenance, régissent également le contrat d'échange. Dans le contrat de vente, la

[6] *Journal du Palais*, t. III, p. 166.

propriété, ainsi que les risques de la chose vendue, passent à l'acquéreur. Or, dans l'échange, chacun des contractants est à la fois vendeur et acheteur. Tous deux seront donc soumis à la loi qui régit l'acheteur et devront supporter les risques de la chose promise, dès le moment où la convention aura été parfaite.

En toute circonstance, le consentement des parties suffit pour parfaire l'échange d'immeubles et pour donner à chacun un droit définitif; mais, en ce qui concerne les meubles, il importe de remarquer que l'art. 1140 du Code civil domine le contrat. Celui-là seul restera donc propriétaire de la chose échangée à deux personnes successivement, qui aura été mis en possession, quand même son titre serait postérieur en date. Il n'est pas besoin d'ajouter que sa possession doit être de bonne foi.

Les deux contractants sont obligés de se délivrer réciproquement les choses échangées. La délivrance des immeubles se consomme par le délaissement qu'en fait le propriétaire; elle n'exige aucun signe extérieur, propre à manifester l'intention de délaisser la possession au profit d'autrui. Celle des meubles se fait par la remise manuelle des objets, ou par la remise des clefs des bâtiments qui les contiennent, ou encore, si le transport ne peut en être fait au moment du contrat, par le seul consentement des parties. La délivrance doit se faire, s'il n'y a stipulation contraire, au lieu où se trouvent les objets échangés. Chacun des contractants doit supporter les frais de la délivrance de la chose qu'il donne et ceux de l'enlèvement de celle qu'il reçoit. La délivrance et l'enlèvement doivent se faire dans le délai déterminé par les parties. Jusqu'à la délivrance, chacune des parties doit avoir les soins d'un bon père de famille pour la chose qu'elle échange. En même temps que les choses échangées, les parties doivent se délivrer tous les accessoires qui en dépendent. Elles sont également obligées à délivrer la mesure indiquée au contrat, à moins qu'elles ne se soient formellement dispensées de cette obligation, ou que les choses n'aient été échangées sans aucun égard à la mesure, malgré l'indication qui en aurait été donnée.

Dans le contrat de vente, l'obligation de garantir ne pèse que sur le vendeur; en matière d'échange, il est évident que cette obligation sera de plein droit réciproque et commune aux deux parties. Chacune a le droit d'être mise en possession paisible de la chose qu'elle reçoit; à chacune aussi incombe le devoir de mettre l'autre échangiste en possession paisible de la chose qu'elle lui donne. Elles sont tenues, en outre, de se garantir respectivement contre toute éviction. Si l'éviction provient d'une cause postérieure à l'échange, il est inutile de rappeler qu'il n'y a pas lieu à garantie dans ce cas particulier; ici encore, *res perit domino*. La garantie ne s'appliquera donc qu'au cas où la cause de l'éviction est antérieure à l'échange et où elle a été célée lors de la passation du contrat. L'échangiste ainsi évincé a le droit de demander des dommages-intérêts équivalents à la chose qui lui est enlevée ou de revendiquer celle qu'il a livrée. Il pourra toujours conclure à une indemnité pour impenses légales que lui aura occasionnées l'immeuble qu'il perd, et il jouira des droits qui résultent pour l'acquéreur évincé des dispositions de l'art. 1630 du Code civil.

Il est possible que le copermutant qui veut profiter de son droit de revendiquer la chose qu'il a donnée, ne la trouve plus en la possession de celui avec lequel il a contracté. Que faut-il décider en ce cas particulier? Pourra-t-il suivre sa chose en quelques mains qu'elle ait passé?

Pour résoudre cette question, il faut considérer que d'après l'art. 1184 du Code civil la résolution des contrats synallagmatiques est de plein droit en cas d'inexécution des conventions, et que l'art. 1654 autorise le vendeur, auquel le prix n'est pas payé, à poursuivre la résolution de la vente.

Or, l'art. 1707 met l'échange sur la même ligne que la vente; le tiers est tenu, avant d'acquérir l'immeuble, de s'enquérir si son vendeur est propriétaire et en vertu de quel titre. S'il s'est contenté d'un titre sans valeur, tant pis pour lui; la loi ne saurait prendre en sa faveur plus de précautions qu'il n'en prend lui-même; nul n'est censé ignorer les dispositions de la loi; l'acquéreur est donc dûment averti. Si, au mépris des précautions que le législateur recommande, il arrive qu'une personne acquière un immeuble qui n'est point la propriété de son vendeur, c'est à elle-même qu'elle devra s'en prendre, et, quand même elle aurait agi avec la plus entière bonne foi, elle serait tenue de restituer au copermutant évincé l'immeuble qu'elle avait acquis. Bien plus, la résolution de cette vente place l'immeuble dans l'état où il était avant l'échange, et toutes charges et hypothèques qui seraient venues le grever depuis le moment où il s'est trouvé en la possession du copermutant, cessent de le frapper à dater de la revendication. L'échangiste qui revendique dans ces conditions peut même faire condamner son copermutant à lui payer la valeur des fruits qu'il a perçus; mais il est juste également qu'il rembourse à des tiers-acquéreurs de bonne foi les impenses qui lui profitent, puisqu'il en jouira.

L'échangiste évincé des servitudes actives qui, d'après son copermutant, devaient exister sur l'immeuble échangé, a droit à une indemnité. Les copermutants sont également responsables des défauts cachés des choses échangées, lorsqu'ils les rendent impropres à l'usage auquel ils les destinaient respectivement, ou qu'ils diminuent tellement cet usage qu'il est évident que l'échange ne se fût point fait si ces vices avaient été connus.

S'il se présente des doutes dans l'application du contrat d'échange, ils s'interprètent contre celui qui a cédé la chose, si ces doutes portent sur la partie de la convention relative à la chose cédée. Le retrait successoral autorisé par l'art. 841 du Code civil s'applique à l'échange de droits successifs.

Tous les caractères et effets du contrat d'échange que nous venons d'énumérer concernent aussi bien la promesse synallagmatique d'échange que l'échange lui-même. Il n'y a pas de distinction à établir à cet égard.

CHAPITRE V.

EFFET SPÉCIAL DU CONTRAT D'ÉCHANGE.

« Il ne faut pas omettre, dit Pothier, en son *Traité de la vente,* un

« des principaux effets de l'échange, c'est que la chose que je reçois en
« échange de celle que j'ai donnée se subroge de plein droit à celle que
« j'ai aliénée et elle prend à sa place les qualités extrinsèques que celle-
« ci avait et qu'elle a perdues par l'aliénation que j'en ai faite. De là
« cette règle, *subrogatum capit naturam subrogati.* »

On entend par qualités extrinsèques celles que l'aliénation fait perdre à la chose échangée ; celles-là seules affectent la chose reçue. Ainsi la qualité d'acquêt de communauté, de chose dotale, qui cessent de frapper l'immeuble dès le moment de l'aliénation, passent avec l'échange sur l'immeuble reçu. Il n'en est pas de même de l'hypothèque, droit intrinsèque inhérent à l'immeuble, qui passe avec lui en quelques mains qu'il aille. Il ne saurait y avoir déplacement de ce droit par un fait indépendant de la volonté de celui qui le possède ; et dès lors la subrogation dont nous venons de parler ne le concerne en aucune manière.

CHAPITRE VI.

LA RESCISION POUR CAUSE DE LÉSION N'A PAS LIEU EN MATIÈRE D'ÉCHANGE.

Il arrive souvent que l'on acquière un objet à un prix qui dépasse de beaucoup sa valeur réelle et normale. Dans certains cas particuliers, un objet quelconque peut être recherché et acquis à un prix tel qu'il semble déraisonnable qu'on ait voulu l'y mettre. Cependant la loi ne permet pas que l'on cherche à se soustraire à une obligation ainsi contractée, parce que l'acheteur est présumé avoir agi sous l'influence de motifs exceptionnels, que dès lors il est probable que son intention a été d'acquérir à un prix même exagéré et qu'il n'a pas été victime d'une erreur contre laquelle il dût être protégé. Il n'en est pas de même en ce qui concerne le vendeur qui, ne recevant qu'un prix en argent, n'est que très-rarement poussé par des motifs particuliers à accepter beaucoup moins que ne vaut la chose. La loi a donc dû admettre en sa faveur une rescision pour cause de lésion, et elle l'a fait seulement pour les immeubles, qu'elle considère comme les biens les plus importants. L'art. 1674 du Code civil porte que si le vendeur a été lésé de plus des sept douzièmes dans le prix d'un immeuble, il a le droit de demander la rescision de la vente.

Mais dans l'échange, chacun des contractants est à la fois vendeur et acheteur. A cet égard, il ne saurait y avoir entre eux aucune différence.

C'est donc avec raison que les auteurs du Code civil ont décidé que, pour cette manière particulière d'acquérir, il n'y aurait jamais rescision pour cause de lésion.

Ils ont, en adoptant l'art. 1706, repoussé la doctrine de Pothier qui enseigne, au n° 626 de son *Contrat de vente*, que la rescision n'a point lieu toutes les fois qu'il s'agit de meubles donnés en échange d'autres choses; mais d'après lui « celui qui a donné un immeuble contre des « choses dont la valeur est au-dessous de la moitié du juste prix de cet « immeuble doit, de même qu'un vendeur, être admis à demander la « rescision du contrat, si mieux n'aime l'autre copermutant suppléer à « ce qui manque au juste prix. »

Pothier se borne à l'énoncé du fait et ne déduit point les motifs sur lesquels il appuie sa décision. Quelle que soit l'autorité qui s'attache à son nom, nous estimons que les rédacteurs du Code civil ont bien fait de repousser sa doctrine en cette circonstance. C'est surtout quand il s'agit d'échange que les motifs d'affection peuvent déterminer à conclure un contrat qui serait onéreux pour l'un des contractants. De même, il arrive tous les jours que le désir de rattacher un immeuble de petite valeur à un vaste corps de biens détermine un grand propriétaire à donner une pièce de terre beaucoup plus considérable que celle qu'il veut acquérir. Ne serait-il pas contre toute justice que dans cette hypothèse cet échangiste fût restituable par suite d'une lésion de plus des sept douzièmes?

Il en est de même à peu près de toutes les espèces, et ce n'est pas à raison de quelques faits spéciaux, vraiment dommageables, que le législateur doit faire plier la rigueur du principe en vertu duquel les conventions librement consenties sont la loi des parties contractantes.

CHAPITRE VII.

DES MODIFICATIONS QUE PEUT RECEVOIR LE CONTRAT D'ÉCHANGE.

Le contrat d'échange se trouve quelquefois combiné avec la vente, c'est lorsque l'échange se fait avec une soulte pour compenser le plus ou moins de valeur des choses permutées, l'une à l'égard de l'autre. La question est de savoir si, dans cette hypothèse, il y a échange ou vente.

En général, il importe d'examiner quelle a été l'intention des parties; elle sera toujours le guide le plus sûr dans l'appréciation du contrat. Si la soulte en argent est d'une somme moindre que le prix de l'immeuble qu'elle accompagne, ou d'une somme égale à ce prix, le contrat restera un échange; si, au contraire, elle est d'une somme beaucoup plus considérable, il est présumable que les parties ont voulu contracter plutôt une vente qu'un échange.

Et cette distinction qui semble être une subtilité de théorie n'est pas sans avoir une grande importance dans la pratique. En effet, aux termes de l'art. 1706 du Code civil, la rescision pour cause de lésion n'a pas lieu dans le contrat d'échange, et il pourrait arriver que la mauvaise foi s'emparât des dispositions de la loi pour éviter la rescision d'une vente déguisée, alors que la lésion serait de plus des sept douzièmes. Le contrat devrait alors être rescindé, et la Cour royale de Colmar a décidé dans ce sens, le 25 mars 1825, dans une affaire où elle a rescindé pour lésion un contrat d'échange avec soulte qui n'avait servi qu'à déguiser une opération d'usure de l'un des contractants. Ajoutons que, dans l'espèce, la différence entre la soulte et l'immeuble était très-considérable.

Cette question offre encore un autre intérêt: les droits que l'enregistrement perçoit sur la vente d'immeubles ou de droits immobiliers sont de 5 fr. 50 cent. pour cent; ceux prélevés sur l'échange d'immeubles ou de droits immobiliers sont de 2 fr. 50 cent. pour cent. En cas de mélange de vente et d'échange, quels sont les droits que les parties auront à verser à l'État? Quelle que soit la quotité de la soulte, et sous quelque forme qu'elle ait pu être déguisée, le droit de 2 fr. 50 cent. pour cent sera perçu comme sur un échange sur le capital formé de vingt fois le revenu déclaré. Et de plus, l'enregistrement percevra un droit de 5 fr. 50 cent. pour cent sur la somme donnée à titre de soulte, à quelque chiffre qu'elle puisse s'élever. C'est ce qui résulte formellement de la loi du 22 frimaire an VII, art. 15, n°s 4 et 69, et d'un arrêt de cassation du 28 avril 1830.

Il peut encore arriver qu'un contrat qualifié d'échange soit une véritable vente avec dation en paiement. Je suppose que je vous ai vendu ma maison de campagne pour une somme déterminée. Au bout d'un certain temps, je veux être payé de mon prix de vente, et comme vous n'avez pas d'espèces en main, vous me proposez de me céder, au lieu et place de ma maison, une pièce de vigne. Sera-ce un contrat d'échange? Évidemment non; le contrat de vente était consommé, le prix dû, et la valeur a été payée; seulement, au lieu de remettre les espèces, vous en donnerez l'équivalent en un immeuble; mais l'existence originaire des trois conditions substantielles de la vente, le consentement, la chose et le prix, donne au contrat son caractère définitif auquel le fait postérieur ne peut point enlever son efficacité.

Ajoutons que d'autres stipulations qu'il est licite de joindre au contrat d'échange, peuvent lui enlever sa nature spéciale, et que l'appréciation des faits et de l'intention des parties peut seule donner la juste solution des difficultés que comporte cette matière.

PROCÉDURE CIVILE.

DES JUGEMENTS PAR DÉFAUT ET OPPOSITIONS.

(Articles 149 à 166.)

SECTION PREMIÈRE.

DES JUGEMENTS PAR DÉFAUT EN GÉNÉRAL.

On nomme *jugement par défaut* celui qui est rendu contre une partie qui ne comparaît pas, ni personne pour elle. L'*opposition* est l'empêchement mis par la partie condamnée à l'exécution du jugement rendu par défaut contre elle; on nomme aussi opposition l'acte par lequel on notifie cet empêchement.

On distingue deux sortes de jugements par défaut, savoir:

1° Le jugement rendu contre une partie qui n'a pas constitué avoué dans les délais de l'ajournement.

2° Le jugement rendu contre une partie dont l'avoué constitué ne se présente pas à l'audience au jour indiqué par l'avenir, ou se présente et refuse de conclure.

Le premier de ces jugements se nomme *défaut contre partie*, ou *défaut faute de constitution d'avoué*; le deuxième, *défaut contre avoué* ou *défaut faute de conclure*; on l'appelle aussi *défaut faute de plaider*, dénomination impropre, car le jugement rendu faute de plaider, après conclusions au fond posées à l'audience, est réputé contradictoire[1].

On distingue encore le jugement par défaut rendu contre le défendeur et celui rendu contre le demandeur; le premier se nomme spécialement *jugement par défaut* et le second prend le nom de *congé défaut*.

SECTION II.

DU JUGEMENT PAR DÉFAUT CONTRE PARTIE.

Si dans les délais de l'ajournement, le défendeur n'a pas constitué avoué dans la forme prescrite, il est donné défaut contre lui (art 149). Néanmoins le profit du défaut, c'est-à-dire l'avantage qui résulte pour le comparant de l'absence de son adversaire, ne peut être adjugé au demandeur qu'autant qu'il le requiert à l'audience, sur l'appel de la cause, et que ses conclusions sont justes et bien vérifiées (art. 150). La vérification de la demande se fera par la lecture de l'assignation et des pièces et par l'examen des conclusions sous le rapport de leur admissibilité en droit, et si le tribunal ne trouve pas les conclusions conformes à la loi, ou si elles ne sont pas établies en fait de la manière voulue par la loi, il devra les rejeter. Si la chose qui forme la matière de la contestation n'a pas besoin d'être prouvée d'avance d'une manière déterminée par la loi, le tribunal peut adjuger les conclusions comme profit du défaut, ou en ordonner la preuve[2].

Lorsque plusieurs parties ont été citées pour le même objet à différents délais, il n'est pris défaut contre aucune d'elles qu'après le plus long délai; toutes les parties défaillantes sont alors comprises dans le même défaut. S'il en était pris contre chacune d'elles séparément, les frais de ces défauts n'entreraient pas en taxe et resteraient à la charge de l'avoué, sans qu'il pût les répéter contre la partie (art. 152).

Si de deux ou de plusieurs personnes assignées, les unes compa-

---

[1] Pigeau, t. 1, p. 495. — [2] Rauter, *Cours de Procédure civile*, p. 254.

raissent et les autres font défaut on prononce le défaut, contre les non-comparants, mais on n'en adjuge pas le profit au demandeur, parce que les intérêts des défaillants étant les mêmes que ceux des parties présentes, ils peuvent obtenir gain de cause avec ces dernières; en conséquence, on joint le profit du défaut à la cause pendante entre les comparants pour statuer sur le tout par un seul et même jugement. De plus, pour bien s'assurer que les poursuites ne resteront pas ignorées, le tribunal doit, dans le jugement qui ordonne cette jonction, commettre un huissier pour le signifier au défaillant avec assignation au jour où la cause sera appelée. Ce n'est qu'après ces précautions qu'il sera statué par un seul jugement réputé contradictoire, non susceptible d'opposition, soit à l'égard du défaillant qui persiste à ne pas comparaître, soit à l'égard de celui qui, ayant d'abord comparu, ferait ensuite défaut, parce qu'il ne pourrait arguer de son ignorance (art. 153).

Le jugement qui ordonne la jonction se nomme *jugement de défaut profit joint,* ou simplement *jugement de jonction.* Cette procédure a pour but d'économiser les frais et d'éviter l'inconvénient possible de plusieurs jugements rendus en sens contraire.

Si devant un tribunal de commerce ou devant la justice de paix, le demandeur ne se présente pas par lui-même ou par un fondé de pouvoirs, le défendeur peut obtenir défaut contre lui; du reste, comme en toute autre circonstance, le demandeur a dû constituer avoué dans l'ajournement, il ne peut être question pour lui que du défaut contre avoué faute d'avoir conclu.

SECTION III.

DU JUGEMENT PAR DÉFAUT CONTRE AVOUÉ.

Le défaut peut être accordé soit contre l'avoué du demandeur, soit contre celui du défendeur. Le défaut est accordé contre l'avoué constitué par le défendeur, lorsqu'il ne comparaît pas à l'audience, ou lorsqu'il comparaît, mais refuse de conclure (art. 149). Il ne peut être pris qu'à l'expiration du délai de quinzaine accordé au défendeur, à compter de la constitution de son avoué, pour signifier ses défenses, et de la même manière que le défaut contre partie. Du reste, si l'avoué se présente avant la fin de l'audience, il obtient que le défaut soit rabattu, c'est-à-dire supprimé. Cet usage qui n'est pas consacré par le Code est admis sans difficulté dans la pratique [3].

De son côté, le défendeur, aussitôt qu'il a constitué avoué, peut, sans avoir fourni de défenses, suivre l'audience par un simple acte, et prendre défaut contre le demandeur qui ne comparaît pas (art. 154). Pour le profit du défaut, il requiert d'être renvoyé de la demande formée contre lui; c'est ce qui fait qu'on appelle ce défaut *congé défaut*. Le jugement qui donne congé défaut contre le demandeur, doit être accordé sans autre vérification que celle même du défaut, le silence du demandeur étant regardé comme un abandon volontaire et implicite de ses droits [4]. Le principe du défaut profit joint est inapplicable dès qu'il y a eu avoué constitué; c'est ce qui résulte des termes de l'art. 153.

SECTION IV.

VOIES A PRENDRE POUR FAIRE RÉFORMER LES JUGEMENTS PAR DÉFAUT.

Les jugements par défaut peuvent être attaqués par les mêmes voies que les jugements contradictoires, et, en outre, par l'opposition. Tous jugements par défaut, soit en premier, soit en dernier ressort, sont sujets à l'opposition, sauf les exceptions suivantes :

1° Lorsque le jugement est rendu sur délibéré, ou instruction par écrit; le jugement rendu faute d'avoir produit n'est pas susceptible d'opposition (art. 113).

2° Lorsque le jugement est rendu sur réassignation, en vertu d'un jugement de jonction (art. 153).

3° Lorsque le jugement est rendu sur une première opposition de notre part (art. 165).

---

[3] Carré, n° 624. — [4] Rauter, p. 255.

4° Lorsque le jugement par défaut est rendu par des arbitres (art. 1016).

L'opposition se porte toujours au tribunal qui a rendu le jugement; elle se forme par requête d'avoué à avoué, ou, s'il s'agit d'un jugement rendu contre partie n'ayant pas d'avoué, l'opposition formée par acte extra-judiciaire arrête l'exécution, à la charge de la réitérer par acte d'avoué dans la huitaine (art. 162).

Toute requête doit d'abord conclure à faire recevoir l'opposition par le juge et ensuite à faire rétracter le jugement par défaut, pour statuer de nouveau sur la demande originaire; elle doit contenir à l'appui les moyens de l'opposition. Suivant que l'opposition sera, ou ne sera pas recevable et bien fondée, le tribunal en prononcera l'admission, ou ordonnera l'exécution du premier jugement.

Le délai dans lequel l'opposition doit être formée varie suivant qu'il s'agit d'un jugement par défaut rendu contre avoué, ou contre partie.

Dans le premier cas, l'opposition n'est recevable que pendant huitaine, à compter de la signification du jugement à l'avoué (art. 157); dans le deuxième, la signification du jugement, qui ne peut être faite que par un huissier requis, ne produit pas le même effet, c'est-à-dire que le délai ne court pas contre la partie du jour où elle l'a reçue. Son opposition est recevable jusqu'à l'exécution du jugement. Nous entendons parler ici de l'exécution commencée et non consommée; car il n'y aurait plus d'opposition possible et la voie de l'appel serait même interdite. L'exécution est réelle ou réputée telle par la loi; l'art. 159 énumère certains actes qui tiennent à eux seuls lieu de l'exécution entière; mais il n'est pas limitatif, et s'il était question d'un autre acte duquel on voulût inférer que l'exécution du jugement a été connue de la partie défaillante, il faudrait qu'il se rapportât à l'exécution achevée et non pas seulement commencée[5].

Indépendamment des formalités dont la loi exige l'observation rigoureuse de la part de l'opposant, elle soumet son avoué à faire mention sommaire de l'opposition sur un registre particulier tenu au greffe, et

[5] Rauter, p. 274.

à y énoncer les noms des parties et de leurs avoués, les dates du jugement et de l'opposition (art. 163). Cette mesure a pour objet de prévenir les inconvénients auxquels se trouveraient exposés les tiers, qui sont tenus quelquefois de satisfaire à certaines dispositions du jugement et qui pourraient les exécuter au préjudice de l'opposition déjà déclarée.

Afin de ne pas compromettre ces tiers par une exécution prématurée, la loi veut qu'aucun jugement ne soit exécuté à leur égard que sur un certificat du greffier, constatant qu'il n'y a aucune opposition portée sur le registre (art. 164).

L'opposition, lorsqu'elle est régulière, a pour effet de suspendre l'exécution du jugement, à moins que l'exécution n'en ait été ordonnée nonobstant l'opposition, comme l'art. 155 y autorise les juges. Si, au contraire, elle n'a pas été formée dans les délais et de la manière voulue par la loi, il ne reste plus à la partie condamnée que les voies ordinaires pour faire réformer le jugement.

SECTION V.

DE L'EXÉCUTION ET DES EFFETS DES JUGEMENTS PAR DÉFAUT.

Les jugements par défaut ne peuvent pas être exécutés sans avoir été préalablement signifiés à l'avoué de la partie condamnée, s'il y en avait un de constitué, et à la partie elle-même, ou à la partie seulement dans le cas contraire; il faut, en outre, laisser écouler un délai de huitaine, à compter de cette signification, pour donner à la partie condamnée le temps de former opposition, si elle le juge convenable, à moins que l'exécution provisoire du jugement n'ait été ordonnée conformément à l'art. 135 (art. 155).

En règle générale, on a trente ans pour exécuter un jugement contradictoire ou par défaut. Mais lorsqu'il s'agit d'un jugement par défaut contre partie qui n'avait pas constitué avoué, il est réputé non avenu s'il n'est pas exécuté dans les six mois de son obtention (art. 156). Le motif de cette dérogation au principe vient de ce que le condamné, n'étant pas présumé avoir eu connaissance de l'assignation, précisément parce qu'il n'a pas constitué avoué, il eût été trop rigoureux de l'exposer pendant trente années à des poursuites inattendues.

Aussi le jugement périme-t-il de plein droit, s'il n'a pas été exécuté dans le délai ci-dessus, soit de l'une des manières indiquées dans l'art. 159, soit par tout autre acte duquel il résulterait nécessairement que l'exécution du jugement a été connue de la partie condamnée. Cette péremption spéciale diffère en plusieurs points de la péremption ordinaire : elle s'accomplit par six mois, tandis que la péremption ordinaire s'accomplit par trois ans; de plus, il résulte des derniers mots de l'art. 156 qu'elle ne porte que sur le jugement, et non sur toute la procédure dont les actes conservent leurs effets, de sorte que l'ajournement, par exemple, n'interrompt pas moins la prescription; enfin, comme elle a lieu de plein droit, elle ne peut être couverte par des actes postérieurs d'exécution; mais comme c'est là une prescription, moyen qui ne peut être suppléé d'office, la nullité des actes d'exécution ne pourra être prononcée que sur les conclusions du défaillant[6].

Si le défaillant forme opposition, il n'est plus susceptible de tomber en péremption, parce que l'exécution en est suspendue de plein droit et que la partie condamnée ne doit pas pouvoir s'autoriser de son propre fait pour invoquer un défaut d'exécution dont elle serait elle-même la cause.

A ces différences près, le jugement par défaut produit les mêmes effets que le jugement contradictoire. Il autorise non-seulement les actes conservatoires, tels que l'inscription, une saisie-arrêt, mais encore tous les genres d'exécution possibles, soit contre la personne du débiteur lorsqu'il prononce la contrainte par corps, soit contre ses biens meubles et immeubles, et, s'il n'est pas attaqué par l'opposition dans le délai voulu par la loi, ni par l'appel après l'expiration de ce délai, il acquiert la force de chose jugée.

[6] Boitard, n° 400.

FIN.

www.ingramcontent.com/pod-product-compliance
Lightning Source LLC
Chambersburg PA
CBHW060530050426
42451CB00011B/1727